# Sueño americano
# peligro de muerte

# Sueño americano peligro de muerte

*No, más muertes por río, mar,*
*montañas, desierto, desaparecidos.*
*Ya basta. Hazlo de la manera legal.*
*Lo que debes saber de una visa de trabajo,*
*lo que debes saber de una visa de turista,*
*lo que debes saber de una visa de estudiante.*

## Rubén Orta

Número de Control de la Biblioteca del Congreso de EE. UU.:     2018905538
ISBN:          Tapa Dura                      978-1-5065-2516-7
               Tapa Blanda                    978-1-5065-2518-1
               Libro Electrónico              978-1-5065-2517-4

Información de la imprenta disponible en la última página.

Fecha de revisión: 07/05/2018

**Para realizar pedidos de este libro, contacte con:**
Palibrio
1663 Liberty Drive, Suite 200
Bloomington, IN 47403
Gratis desde EE. UU. al 877.407.5847
Gratis desde México al 01.800.288.2243
Gratis desde España al 900.866.949
Desde otro país al +1.812.671.9757
Fax: 01.812.355.1576
ventas@palibrio.com
380678

# ÍNDICE

# Dedicatoria

Dedico Esta Obra a Todas Aquellas Personas que luchan y trabajan día a día con el único deseo de Una Mejor Forma de Vida para él y los suyos.

A Mi Madre Que siempre Fue el Motor Que Me Impulso a Alcanzar y Perseguir Mis Ideales y Sueños que en Paz Descanse.

A Todas Aquellas Personas Que Han Confiado En Mí, y De Alguna Forma Se Han Cruzado en Mi Camino, Con un Solo Objetivó Apoyarme en los Momentos Difíciles.

# Prologo

A pesar de la situación económica-financiera que atraviesa el país más poderoso del mundo, Estados Unidos de América, millones de personas tienen la ilusión de algún día poder ir o venir a este país, con una sola idea, buscar trabajo para ganarse el sustento alimenticio de la familia, es decir vienen por hambre, y una fantaseada mejor forma de vivir, llámese mujeres, hombres, ancianos, incluso niños tienen esa ilusión, el noventa y nueve por ciento de las personas no vienen con la idea de quitarle a sus semejantes el alimento, ni el trabajo.

Desde muy niño escuchaba la plática de algunos familiares adultos de los beneficios que les había producido el cruzar de manera ilegal a este vecino país, y trabajar en él, ellos comentaban que tenían una gran casa, una camioneta, buena ropa, no sufrían de cuestiones económicas, y todos los presentes quedaban ilusionados con tal cuento del familiar, incluso había en ese momento quienes se atrevían a decir llévame, consígueme algún trabajo por allá.

En algún momento se manejaron cuestiones de casamientos de forma fraudulenta con tal de obtener la residencia Estadounidense.

¿Qué es lo que reclaman la mayoría de las personas que viven en estos países americanos, especialmente de México, Guatemala, Honduras, El Salvador, inclusive asiáticos tal como china y otros más que se unirán a esta larga lista de países que vive y sufre la falta de trabajo, hambre, miseria, lo que reclaman es un trabajo digno para llevar el alimento a sus familias, no son delincuentes, no son terroristas?

Lo que vas a encontrar a través de estas capítulos de este libro son historias reales de familias destruidas, de personas que soñaron con un bienestar económicamente hablando para sus hijos, esposas, padres, abuelos, es decir una vida sin miseria, así mismo vas a encontrar capítulos con esperanza para que puedas realizar tu sueño de una forma legal, sin arriesgar tu vida y la de tus seres queridos, este libro no pretende ser amarillista, ni descubrir el hilo negro porque esto es una realidad.

Lo que este libro pretende es informar, hacer un llamado a las personas, para que de manera legal tramiten en tiempo y forma una visa, ya sea (turista, estudiante o trabajo entre otras, que les permita viajar sin arriesgar sus vidas, decirles que no vale la pena por ningún dinero perder la vida y que su sueño de felicidad se convierta en una pesadilla. Decirles un no al cruce de la frontera de manera ilegal.

Quizá seas microempresario, profesionista independiente, estudiante, asalariado, todos podemos realizar o solicitar una visa, ver cual se adapta a lo que tú quieres, el problema ha sido de siempre, porque nos dejamos llevar por gente envidiosa, estafadora, que nos dice que es imposible, que se necesita ser millonario, tener un mega cuenta en el banco y miles de requisitos más para que te la otorguen.

Todos los trámites son personales pero en ningún momento imposible, inténtalo.

# 1

# INMIGRACION ILEGAL: CAUSA DE DESINTEGRACION FAMILIAR

Una de las causas de la desintegración familiar en México y otros países latinoamericanos, sudamericanos del Caribe y asiáticos, es la desmedida inmigración ilegal hacia Estados Unidos de América.

La inmigración ilegal es un fenómeno que provoca desintegración familiar y mucho dolor, en la mayoría de las veces frustración, entre quienes buscando el sueño americano, no lo encuentran y se enfrentan a la tristeza, soledad y una mayor miseria de la que tenían.

La desintegración familiar impacta de manera negativa a las familias más pobres, porque al partir uno o más de sus integrantes, la estructura familiar cambia drásticamente y es que buscando el sueño americano que les permita tener mejores condiciones de vida, encuentra miles de dificultades, y en la mayoría de los casos no regresa el esposo o esposa, abandonando a su suerte a los hijos.

En muchos casos el hombre o la mujer deciden formar una familia en Estados Unidos esto, porque, el hombre latinoamericano, sudamericano, caribeño, son hombres de familia y el estar alejados de sus seres queridos les provoca tristeza y soledad.

La mayor parte de las veces olvidan rápidamente todas las dificultades por las que pasaron, y se pierde el objetivo principal por el cual están en Estados Unidos. Es decir, esa sed de hambre por sus familiares, de triunfo de salir de la miseria, se transforma en olvido y caen en las garras del vicio, por la soledad que les provoca el estar solos y con mucha inseguridad:

Esta es la historia del retrato de familias que viven a diario la desintegración familiar.

Nació en el seno de una familia mexicana, muy numerosa y pobre, un padre alcohólico, desde niño siempre fue inquieto, tenía muchos apodos entre ellos el "chivo " era muy querido por sus padres y hermanos, trabajo duro desde la edad de 6 años, el veía la necesidad de la familia, familia integrada por 6 hermanas y 5 hermanos, el tiempo paso, trabajo de vendedor de semillas en un campo de beisbol, posteriormente trabajo como cuidador de carros a las afueras del mismo campo de beisbol, trabajo de carpintero, de vendedor de chicles, de recogedor de fierro viejo y cartón. Trabajo de panadero su mejor oficio.

Otro de sus apodos el "Cony" en una ocasión se perdió, su madre doña Karla, señora enérgica muy trabajadora debido a que tenía que cargar con el peso de ser padre y madre, lavando y planchando ropa de otras personas, siempre en su casa, claro tenía otros muchos hijos más pequeños que atender. Resulta que cierto día el "Cony", no aparecía, y no aparecía dieron las nueve, diez, once, doce de la noche.

Se reporto a la policía, a la ambulancia a la cruz roja, es decir todo mundo estaba en busca del niño "Cony" con apenas escasos 8 años de edad, había desaparecido, su madre triste y sin parar de llorar regreso a casa a eso de las 2 de la mañana sin encontrarlo, su padre perdido en las garras del alcohol, sin la menor preocupación por su hijo desaparecido.

El "Cony" siempre mostro gran entusiasmo por el trabajo y las ganas de salir adelante y llevar un dinero a la casa, porque veía tanta necesidad.

Resulta que inesperadamente como a las tres de la mañana alguien toco a la puerta fuertemente, era nada menos que el "Cony", cargado con una cubeta llena de comida, su madre al verlo le dio tanta emoción que lo abrazo y lloro alegremente por su hijo que había aparecido, pregunto ¿Dónde? Te has metido hijo, yo preocupada por ti, y tu mira donde andas a lo que el "Cony" respondió, lo que pasa madre es que, el señor de los chivos al que le dicen el "Cepillin", paso por el frente de la casa y me dijo que, si iba con él, al rastro para ayudarlo porque se le había muerto un cerdo y lo iba a destazar y que me iba a pagar porque lo ayudara;

Pero no me di cuenta del tiempo, que se me fue tan rápido, dijo el "Cony" perdóname madre, esto no lo volveré hacer, más tarde se hizo gran fiesta en la casa por la comida que llevo el "Cony" su madre hizo un mole verde, que era uno de los platillos favoritos de la familia, y todo fue fiesta y alegría ese día.

El tiempo paso y el "Cony" creció y de pronto se encontró que ya tenía la edad de 15 años y para ese entonces, ya se había convertido en un joven trabajador y responsable, así mismo había aprendido el oficio de la panadería, como su padre, siempre muy trabajador con una ilusión siempre en su mente, trabajar del otro lado como todos decían, en Estados Unidos.

Ya con 15 años, muy noviero el "Cony", se enamoró de una chica, llamada "Mariel", decidió unir su vida a ella, pasando contra la voluntad de su madre por ser todavía menor de edad.

En ese entonces el ganaba unos 200 pesos mexicanos, es decir no le iba mal, estaba bien económicamente y emocionalmente, sin embargo, la música de emigrar hacia Estados unidos siempre la tuvo en su interior

El tiempo paso él había cumplido 16 años, su esposa se embarazo y nació su primer bebe, una niña hermosa, muy ilusionado siguió trabajando, nació su segundo bebe, una niña hermosa más y al año siguiente una tercera niña, y las cosas para el ahora joven "Cony" empezaron a ponerse bastante mal económicamente, es decir el dinero ya no le alcanzaba para el pago de renta, luz, teléfono y mucho más gastos personales, error grave para el "Cony", llevo a vivir con la suegra a su esposa y a sus hijas aún muy pequeñas, los problemas empezaron a ir de mal en peor cada día, económicamente, emocionalmente, es decir el mundo se le había venido encima, su dinero simplemente ya no le alcanzaba, él tenía un amigo desde niño, siempre tuvo contacto con el porqué se había marchado del pueblo a buscar su sueño americano, lo invito y motivo para irse con él, hacia el otro lado, su ilusión que siempre había tenido al fin se iba a ser realidad, ya con tres hijas y el trabajo empezó a escasear debido a las épocas de calor, el pan, simple y sencillamente no se vende, la gente no lo consume, al fin decidió marcharse hacia el otro lado, su madre, doña "Karla", su esposa, niñas aún muy pequeñas sin percatarse de la situación , por intuición también le lloraban al padre que se marchaba con una señal de una vida feliz a futuro para los suyos, finalmente partió ya en el camino muy ilusionado empezó a tener sus primeros descalabros antes ni siquiera salir de su país, antes de llegar a la frontera de Tijuana, México, fue asaltado, le quitaron dinero y las pocas pertenencias que llevaba consigo, sin embargo llevaba el número de teléfono de su amigo que llevaba consigo, le marco y le conto lo sucedido a lo que el amigo inmediatamente le giro dinero, para que prosiguiera a delante hacia su objetivo, llegar al otro lado.

Ya establecido en Tijuana, contacto al "coyote" que lo cruzaría hacia el otro lado, pactado el costo del cruce por llevarlo a california de manera ilegal, pago la fabulosa cantidad de 2,000.00 dlrs, pactado al llegar a su objetivo del otro lado.

No fue nada fácil cruzar, se topó con varias dificultades al grado de morir, muchos de sus compañeros que llevaba el "coyote", no aguantaban más y se quedaban abandonados a su suerte en el camino a una muerte segura, en el camino muchas cruces y restos humanos de gente que ha muerto, escenarios verdaderamente impactantes, gracias a DIOS, el "Cony", llego por fin a su destino casi moribundo, paso veinte días en cama, recuperándose física y mentalmente, son situaciones muy difíciles que vivió y sufrió. Habían pasado ya, 20 días desde su salida de su tierra natal hacia el otro lado, Estados Unidos.

Sus familiares muy preocupados sin saber noticias de él, hasta que por fin marco con sus seres queridos y prometió trabajar duro y ganar miles de dólares, para los suyos y regresar pronto, sin embargo esto no sucedió.

En un principio empezó a trabajar duro, pero con muchas dificultades por la envidia que existe entre los mismos paisanos.

Empezó a ganarse la vida trabajando fuerte, teniendo dos trabajos, uno elaborando hamburguesas en un restaurant, otra lavando trastes o como se le conoce por allá de "diskwasher", en un restaurante, y muchos más trabajos que los residentes de allá, no quieren hacer, tales como; trabajos en los campos agrícolas de california, en la construcción, y empezó a enviar sus primeros dólares a México a su esposa y algunos más para su madre.

Mientras en México, su esposa y la suegra empezaron a tener problemas, cada día más fuertes al grado de llegar a los golpes, después de algunos meses y ya con un dinero decide llevarse a sus hijas aun pequeñas y rentar una casa de manera independiente.

La historia no termina ahí, el tiempo pasó, el hombre latinoamericano no está acostumbrado a vivir alejado de su familia, por lo que cae en depresión, soledad, tristeza y mucho temor, con el pensamiento siempre en un principio de sus familiares.

El amor entre el "Con" y "Mariel" se fue enfriando cada día más, ahora la situación era ya diferente, es cierto no tenían carencias económicas, pero empezaron a tener carencias emocionales, soledad, miedos, temor, sus hijas mucha inseguridad.

Pasaron cuatro largos años de espera y la esposa aun del "Cony" esperanzada a su regreso, muy joven aun la esposa del "Cony" no faltó quien le empezara a invitar a salir y a coquetear claro la veían sola, era conocido de toda la gente que los conocía que el esposo se encontraba del otro lado, pronto llegaron mil rumores de infidelidad, que andaba con uno, con otro, y específicamente con uno de sus compadres que le había bautizado a sus hijas.

Pronto esos rumores no se hicieron esperar y llegaron a los oídos del "Cony" allá del otro lado, quien con gran impotencia de estar lejos. Lloro amargamente.

Tiempo después el, empezó a salir con una señora, que también ya tenía algún tiempo por allá, y estaba separada de su esposo, se enamoró de ella, el tiempo paso y después de mucho tiempo de tantos rumores de infidelidad de su esposa en México, decidió unir su vida a "Brenda", con el tiempo ahora su nueva esposa, se embaraza y tiene una hermosa hija, ahora en Estados Unidos.

La situación económica para él, y ahora para sus dos familias se complicó más y más, al grado de abandonar y dejar de enviar dinero a México.

Mientras tanto sus hermosas hijas, en México, siguieron creciendo, con muchas más dificultades que antes que se marchara su padre hacia Estados Unidos, viviendo siempre con mucha inseguridad.

La situación económica y emocional en México para su ex esposa y sus hijas, se complicó más, porque una de sus hijas de 16 años, fue ultrajada sexualmente por uno de sus tíos políticos, valiéndose este, de su necesidad económica y falta de cariño emocional, por parte de su sobrina, la niña dio a luz un bebe y las cosas fueron de mal a peor.

Su madre del "Cony" murió, el no regreso para su entierro por su misma situación ilegal y nunca más la volvió a ver.

Este es el retrato que viven, millones de familias al romperse esa unión familiar, esa desintegración familiar por causa de la inmigración ilegal.

Piénsalo bien antes de partir, y si esa es tu decisión hazlo de manera legal, de tal forma que puedas regresar en el momento que tu decidas con los que te aman.

# 2

# TRAFICO ILEGAL DE PERSONAS (INMIGRANTES)

Héroes y muchas veces tiranos, que ironía del destino, en un viaje a estados unidos leí un reportaje de investigación de un periódico importante de los Ángeles california, el cual tras muchos meses o años quizás de investigación y con la colaboración de personas dedicadas a esta actividad de tráfico de personas, ellos argumentaban que eran héroes porque ayudaban a las personas a cruzar hacia el vecino país del norte a cumplir su sueño, sueño de hambre, de trabajo, para poder llevar el preciado alimento a sus familiares en su país natal que les había negado por años esta oportunidad, tal vez cierto, pero así mismo existen los otros, gente sin escrúpulos que han engañado a gente inocente y que la han abandonado a su suerte, en las montañas, ríos, desierto, a la deriva de una muerte segura.

Que ironía de la vida por buscar un pan que comer, cuantos, y cuantos miles han caído y pagado el costo, con su propia vida, en busca de esa felicidad de bienestar hacia sus seres queridos, de comida, de vestido, de una casa, un terrero, algo material.

Este es el mayor costo que una persona ha pagado por cruzar de manera ilegal, su vida misma.

Es conocido de los gobiernos la corrupción que impera en las mentadas zonas fronterizas, me refiero a el tráfico de cuello blanco es decir al cruce por la línea divisoria que algunos cuantos pueden pagar.

En la actualidad el tráfico de personas se ha convertido en el oficio favorito de mucha gente, por las jugosas ganancias que deja esta actividad.

En el lenguaje coloquial a las personas que se dedican a transportar a escondidas a inmigrantes ilegales para cruzar la frontera entre México y Estados Unidos, claro con un alto costo económico se les llama "coyotes" "polleros" u otros adjetivos.

El pago económico que hace una persona al "coyote o pollero" varía dependiendo de la distancia a recorrer desde su ciudad o país de origen o muchas veces de la frontera de México hacia el punto de llegada hacia Estados Unidos, sin ninguna garantía y arriesgando su vida, el pago va de los 2,000.00 dlrs. A 5,000.00 dlrs. Por persona.

En el último capítulo de este libro te vas a sorprender de la diferencia de costos si las cosas las hicieras de manera legal y sin arriesgar tu vida.

Ha faltado mucha información y educación por parte de los gobiernos para informar a las personas, sobre los peligros, riesgos, derechos, obligaciones de las personas.

Mi mayor deseo es que los gobiernos informen y faciliten el acceso al trabajo de una manera legal y ordenada para evitar el tráfico ilegal y pérdida de vidas humanas.

# 3

# TRATADOS COMO CRIMINALES

"Criminal" palabra bastante fuerte, para ser utilizada en contra de un ser humano que solo busca un trabajo remunerado para cumplir con las necesidades de alimento para él y sus familiares.

La pobreza extrema, el hambre son la causa principal, que provoca que millones de familias emigren de manera ilegal hacia Estados Unidos, en busca de ese sueño, que en la mayoría de las veces es inalcanzable y más aún terminan siendo tratados como criminales.

En la actualidad el inmigrante ilegal además de haber sufrido y pagado casi con su vida en la frontera, en busca de ese sueño de felicidad económica, tiene que luchar con la mano acusadora que lo tacha de criminal.

Además del trato discriminatorio- criminal, existe la tortura psicológica, servicios médicos raquíticos, tratados peor que animales, que injusticia tan más grande contra todos aquellos que han intentado tener sueños de libertad, sueños de felicidad, de vida.

No lo hagas más de manera ilegal, las consecuencias como has leído son drásticas y fatales.

Todo este trato discriminatorio e ilegal es una verdadera traición a la declaración de independencia de los Estados Unidos de Norteamérica, una verdadera traición a los principios de vida, de libertad y de felicidad.

# 4

# HISTORIAS DE INMIGRANTES

Miles de personas han muerto, buscando ese ansiado sueño de felicidad, ese sueño de mejores condiciones económicas, de trabajo, huyen de la miseria voraz existente y real de nuestra época, sin embargo existe un vacío terrible y triste de muchas personas que no tienen a dónde ir a llorar a sus seres queridos, porque simplemente han desaparecido.

Desconocen totalmente su paradero o donde han quedado abandonados, en su intento de perseguir el sueño americano, quizá algunos cuantos tengas el consuelo de saber que su familiar está enterrado en cierto cementerio, pero a estos a donde irles a llorar.

Esta es la historia:

Trinidad muy joven decidió unir su vida a Emilio, muy felices se casaron, muy enamorados, en aquel tiempo en el pueblo había una tasa de desempleo del 0%, nadie imaginaba o por lo menos toda esa gente nunca pensó que se acercaba una terrible situación de desempleo, quiebra y cierre de empresas dedicadas a la industria del vestido.

Los empresarios más visionarios vieron venir esa debacle, algunos emigraron llevándose su poca inversión que pudieron rescatar, algunos otros pagaron el precio de la quiebra de sus empresas, quedándose en la ruina total.

El pueblo en el que alguna vez, los empresarios depositaran toda su confianza para generar empleo y este les produjera buenos dividendos estaba en la ruina.

El pueblo siempre tuvo épocas de gloria, primero como productor de jarcería, productor de huevo, productor de refresco, y por este último conocido mundialmente por sus aguas minerales, sin embargo la época de gloria llegaría con la industria maquiladora de ropa.

Emilio y Trini, como los conocían sus más allegados, con el tiempo procrearon un niño y eso los hizo más felices aun, el tiempo paso y ellos no tenían ningún tipo de problema económico, debido a que Emilio, trabajaba como instalador de redes eléctricas en esas industrias y ella se desempeñaba como asistente de dirección, compraron un terreno, y pronto construyeron su casa, por mucho tiempo no tuvieron ningún tipo de problema económico, sentimental mucho menos por ser ella una persona muy intachable y el también.

La época triste para ese pueblo, pronto llegaría, con el cierre de las primeras 100 empresas, dentro de esas la de la Sra. Trinidad, y pronto también su esposo empezó a sufrir la falta de un trabajo.

Día a día la situación económica se complicó para ellos mucho más, su hijo ya para ese entonces contaba con 14 años de edad lleno de ilusiones de terminar de estudiar su secundaria y posteriormente su preparatoria y carrera profesional, pronto se empezó a truncar.

Emilio, ya con 49 años de edad, cansado, pero a la vez muy preocupado por la situación económica que prevalecía en ese pueblo, que alguna vez brillo con sus estadísticas de cero desempleos, se había acabado.

Ella también muy preocupada por tal situación, busco trabajo desesperadamente por todos lados, pero la situación para ella había cambiado, ya no contaba con la edad para ocupar un puesto de asistente o de secretaria en las empresas, a todos los trabajos a los que acudía, le decían: Nosotros le llamamos, venga la próxima semana, hable el día lunes. Y esas promesas de trabajo nunca llegaban.

Pronto llegaron los rumores hasta estados unidos de Norteamérica, que Emilio y Trinidad, la estaban pasando muy mal económicamente.

Ella tenía familiares por Estados Unidos, que en su momento cuando las condiciones no eran tan difíciles y crueles como las actuales habían emigrado y su situación no estaba tan mal.

La situación se puso más difícil para ellos, al grado de no tener ni para pan ni tortillas.

Por lo que cansado de tal situación acepto la propuesta de sus familiares de Estados Unidos, de cruzar de manera ilegal la frontera hacia Estados Unidos, Los familiares nunca advirtieron a Emilio de los riesgos y peligros actuales en el cruce de la franja fronteriza.

Muy triste Emilio partió, Trinidad su esposa y su hijo le lloraron amargamente pero siempre el con una esperanza económica y de felicidad, el prometió regresar pronto.

Sus familiares contrataron los servicios de una persona dedicada a esta actividad "pollero", conocido del pueblo y según de mucha confianza.

Emilio nunca pensó, ni se imaginó lo difícil, duro y cruel que sería su anhelado sueño de buscar alimento para su familia en otro país y haciéndolo de manera ilegal.

Todo transcurrió desde su pueblo natal, hasta los límites de Nacosonora, de este lado de México, lo acompañaba una sobrina que también tenía su ansiado sueño americano, empezó la travesía de noche con temperaturas sumamente altas, empezaron a cruzar valles, caminos desérticos, hasta llegar a las montañas de sierra vista Arizona, los que iban con el unas 30 personas, algunos se empezaron a quedar en el camino al ya no aguantar el cansancio y la falta de líquidos, cuenta la sobrina que su tío, dio lo mejor de sí, para seguir avanzando, sin embargo la edad y su complexión robusta, ya no le permitieron seguir adelante, y dijo aquí me quedo, ya no aguanto, déjenme singan ustedes, y al grito del que se quedó se quedó continuaron su marcha, por las peligrosas montañas de sierra vista Arizona.

Emilio, hasta esta fecha, no se sabe de su destino final, la persona que se lo llevo y lo iba a cruzar simplemente desapareció del pueblo, cuando lo busco la Sra. trinidad, dijo que no había aguantado y que lo había abandono en sierra vista, Arizona.

Han pasado tres años, desde aquel día, sin que la Sra. Trinidad, tenga conocimiento de cual, fue el destino de su esposo.

Se hablo a la mayoría de las embajadas en Estados Unidos, no se sabe nada de él, desapareció sin dejar rastro, a donde llorarle.

Trinidad ha hecho lo imposible por encontrar a su esposo, ha consultado incluso a brujos para saber si vive, sin embargo, a la fecha lleva el vacío de la desaparición de su esposo.

Su mensaje de ella, es no lo hagas de manera ilegal, detente, vale más, la vida, que cualquier piedra preciosa.

# 5

# CUANTOS INMIGRANTES VIVEN DE MANERA ILEGAL EN E.U.A.

Estimaciones y más estimaciones en relación a cuantos inmigrantes ilegales existen actualmente es Estados Unidos, lo cierto es que es difícil comprobar tal situación.

Algunos más conservadores hablan de una población ilegal de 12,000,000 millones de habitantes, algunos más realistas o atrevidos hablan de una población de 20,000,000 millones de habitantes.

Lo cierto es que no se tiene un control fidedigno de cuantas personas se encuentran de manera ilegal en Estados Unidos.

Se estima que el 65% de la población inmigrante es de origen mexicano, el 20% es de origen latinoamericano, el 8% es de origen asiático y el 5% es de origen europeo y canadiense y el 2% resto del mundo.

Hoy en día, la población ilegal inmigrante crece a pasos agigantados, de tal manera que esta es la época en que mayor número de inmigrantes ilegales viven en Estados Unidos.

Los estados con mayor índice de inmigrantes ilegales son:

California, Texas, New York, Chicago, Nuevo México, Arizona, entre otros.

Actualmente la inmigración ilegal, se ha convertido en el tema más debatido de los últimos diez años, centro de atención y tema principal de la política en todo Estados Unidos de Norteamérica.

La mayoría de la comunidad inmigrante pide una reforma migratoria integral, en la cual, sean reconocidos sus derechos a la libertad, a la vida a ser felices.

# 6

# UNA LEY MÁS: CONTRA INMIGRANTES ILEGALES.

Ley SB1070, esta ley es una más, contra inmigrantes ilegales, en años anteriores otros estados han intentado se les aprueben este tipo de leyes sin ningún éxito, debido a que son leyes estatales que contradicen una ley federal Constitucional.

Además los legisladores conocen perfectamente que es imposible juzgar a una persona por su origen hispano.

Conocen perfectamente la ley y saben que se enfrentarían a demandas millonarias con el hecho de detener a personas de origen hispano que son ciudadanos estadounidenses, a personas de origen hispano con residencia legal permanente, o personas con visas de estudiantes o personas con visas de tratado de libre comercio o visas de turistas.

Esta ley SB1070, fue aprobada por legisladores estatales, la cual es bastante severa contra inmigrantes ilegales, sin embargo afecta a todas las personas principalmente de origen hispano, autoriza de un modo arbitrario a detener y tratar de comprobar su estatus migratorio de cada persona provocando problemas de prejuicios raciales.

Esta ley SB1070, es considerada la más severa que pretende aplicar un estado de Estados Unidos, en este caso el Estado de Arizona.

El texto de la ley facultad a los policías estatales y locales a verificar el estatus migratorio en caso de que exista una "SOSPECHA RAZONABLE", de que son inmigrantes ilegales y arreste en ese momento a quien no pueda entregar la documentación legal.

Esta ley es totalmente arbitraria, ilegal, inconstitucional, discrimina a las personas de raza latina, entre otros.

Las manifestaciones a lo largo y ancho de territorio Estadounidense no se han hecho esperar y miles de personas piden la derogación de tan controvertida ley.

Por más leyes que quieran imponer los estados pertenecientes a Estados Unidos de Norteamérica, no van a proceder porque esto es del ámbito federal, lo que están reclamando las personas que ya se encuentran de alguna manera en Estados Unidos de manera ilegal, es una verdadera reforma migratoria.

Una verdadera reforma migratoria, en la que se reconozcan sus derechos y obligaciones como ciudadanos.

Como todos saben las personas que han cruzado de manera ilegal, lo único que demandan es un trabajo, trabajan en campos agrícolas, en obras de construcción, que los mismos residentes no quieren hacer, porque tanta discriminación, cuando lo único que se hace es servir y completar el ciclo productivo de un país.

# 7

# HAZLO DE MANERA LEGAL

Resulta un tanto difícil de comprender la inmigración de manera legal, sin embargo esta se puede llevar a cabo, quizá la información no ha sido la adecuada, la educación, la difusión, otras tantas circunstancias, sin embargo, lo que se muestra a continuación es algo que ya existe, lo abordaremos de una manera más fácil de explicar, de cómo ir o venir legalmente a estados unidos.

El problema de la inmigración en muchas o en la mayoría de las veces se realiza de manera ilegal, por desconocimiento de la ley, porque simplemente somos inmediatistas queremos las cosas de manera rápida, es decir ya. Ahorita.

Esto lleva un proceso, una planeación, una justificación, en la mayoría de los casos aunque se tengan los medios económicos necesarios, existe una desesperación por querer ir a estados unidos.

El problema, radica principalmente en la falta de información y lamentablemente la mayoría de las personas se deja llevar por meras suposiciones de amigos o parientes cercanos, por tales motivos existe una total desinformación que nos lleva a actuar de una manera irresponsable ya sea con nosotros mismos o con nuestros familiares y por eso caemos en problemas de inmigración ilegal.

## PRIMER PASO: PARA PODER EMPEZAR CON EL TRÁMITE PARA LA OBTENCION DE UNA VISA.

El primer paso para tramitar una visa para ingresar legalmente a los estados Unidos de Norteamérica es:

> ➢ CONTAR CON UN PASAPORTE VIGENTE EXPEDIDO POR ALGUNA AUTORIDAD EN SU PAIS NATAL DE LA PERSONA QUE PRETENDA INGRESAR LEGALMENTE A ESTADOS UNIDOS DE NORTEAMERICA, EN EL CASO ESPECIFICO PARA MEXICANOS, LO EXPIDE LA SECRETARIA DE RELACIONES EXTERIORES EN MEXICO. **ES MUY IMPORTANTE QUE SE TRAMITE EN EL PAIS NATAL DE CADA PERSONA** QUE PRETENDA INMIGRAR HACIA ESTADOS UNIDOS.

Según la página de internet de la secretaria de relaciones exteriores de México (www.sre.gob.mx), en el apartado de trámites y servicios, pasaportes enlista los requisitos para su trámite y otorgamiento.

# LO QUE TIENES QUE HACER PARA OBTENER TU PASAPORTE ES:

## NUMERO UNO

AGENDAR UNA CITA VIA INTERNET, DE LA CUAL SE GENERARA UN COMPROBANTE, PARA EL DIA Y LA HORA Y DELEGACION EN LA CUAL DEBES DE PRESENTARTE PARA TU TRAMITE. **(Contar con correo electrónico y una contraseña)**

## NUMERO DOS:

CUMPLIR CON LOS REQUISITOS PARA LOS DIFERENTES CASOS QUE SE MENCIONAN EN DICHA PAGINA.

EJEMPLO:

**PRIMERA VEZ**; **MAYOR DE 18 AÑOS,** TE PIDEN ENTRE OTROS LOS SIGUIENTES:

I.-ACUDIR PERSONALMENTE A CUALQUIER DELEGACION DE LA SECRETARIA DE RELACIONES EXTERIORES.

**Tramite personal, no se aceptan intermediarios.**

II.-LLENAR A MANO, CON TINTA NEGRA, Y LETRA DE MOLDE, LA SOLICITUD DE PASAPORTE ORDINARIO (OP5)

III.-ACREDITAR LA NACIONALIDAD MEXICANA.

EJEMPLO: Entre otros.

**Acta de Nacimiento**

IV.-PRESENTAR UNA IDENTIFICACION CON FOTOGRAFIA.

EJEMPLO: Entre otros.

**Credencial de Elector**

V.-ENTREGAR MINIMO DOS FOTOGRAFIAS A COLOR TAMAÑO PASAPORTE MEDIDAS (4.5 X 3.5 CM).

VI.-ENTREGAR EL COMPROBANTE DE PAGO DE DERECHOS.

**PRIMERA VEZ**; **MENOR DE 18 AÑOS,** TE PIDEN ENTRE OTROS LOS SIGUIENTES:

I.-PRESENTAR AL MENOR EN CUALQUIER DELEGACION DE LA SECRETARIA DE RELACIONES EXTERIORES.

**Tramite personal, no se aceptan intermediarios.**

II.-LLENAR A MANO, CON TINTA NEGRA, Y LETRA DE MOLDE, LA SOLICITUD DE PASAPORTE ORDINARIO (OP5) y (OP7)

III.-ACREDITAR LA NACIONALIDAD MEXICANA.

EJEMPLO: Entre otros.

**Acta de Nacimiento**

IV.-PRESENTAR UNA IDENTIFICACION CON FOTOGRAFIA.

EJEMPLO: Entre otros.

**Certificado de Estudios**

Exclusivamente para los menores de 7 años, a falta de cualquiera de las identificaciones antes mencionadas, podrán presentar carta del médico que atendió el parto, del pediatra o del médico familiar, cumpliendo con los siguientes requisitos:

1.  -Hoja membretada

2.  -Nombre y firma del médico que la expide.

3.  -Nombre de los padres y el menor.

4.  -Fotografia del menor y sello sobre la misma.

5.  -Tiempo de ser el médico pediatra o familiar.

6.  -Copia simple y legible de la cedula profesional del médico que expidió la constancia.

7.  -Con una antigüedad no mayor a 30 días naturales contados a partir de la fecha de su expedición.

V.-ENTREGAR MINIMO DOS FOTOGRAFIAS A COLOR TAMAÑO PASAPORTE MEDIDAS (4.5 X 3.5 CM).

VI.-COMPARECER PERSONALMENTE AMBOS PADRES O QUIENES EJERZAN LA PATRIA POTESTAD O TUTELA, ACOMPAÑADO CON ALGUNA IDENTIFICACION.

Entre otros:

**Credencial de Elector**

VII.-ENTREGAR EL COMPROBANTE DE PAGO DE DERECHOS.

➤ **LOS COSTOS POR EXPEDICION DE PASAPORTE SON LOS SIGUIENTES SEGÚN, PÁGINA DE LA SECRETARIA DE RELACIONES EXTERIORES DE MEXICO. (www.sre.gob.mx)**

| POR UN AÑO | • Los mexicanos menores de tres años.<br>• Los mexicanos que no puedan cumplir con alguno de los requisitos que exige el reglamento de pasaportes por razones de emergencia debidamente justificadas y a juicio de la SRE.<br>• Los mexicanos que se encuentren bajo una situación de protección consular, en las representaciones de México en el exterior. | $ 410.00 |

| POR TRES AÑOS | • Los mexicanos mayores a tres años y menores de 18 años.<br>• Los mexicanos mayores de 18 años | $ 850.00 |
|---|---|---|
| POR SEIS AÑOS | • Los mexicanos mayores a tres años y menores de 18 años.<br>• Los mexicanos mayores de 18 años. | $ 1,170.00 |
| POR DIEZ AÑOS | • Los mexicanos mayores de 18 años | $ 1,795.00 |

La última actualización de esta información fue con fecha 04 de octubre del 2010, se sugiere verificar la actualización de la información para trámite de pasaporte en la página web, de la secretaria de relaciones exteriores de México.

1.  - * www.sre.gob.mx.

2.  -*   www.sre.gob.mx/index.php/tramites-y-servicios/ pasaportes.

3.  -* www.sre.gob.mx/index.php/citas

4.  -* www.sre.gob.mx/index.php/primera-vez

5.  -* www.sre.gob.mx/index.php/primera-vez/252

6.  -* www.sre.gob.mx/index.php/primera-vez/253

Haz dado el primer paso , como te habrás dado cuenta es fácil, sencillo y los costos son muy bajos, el costo más alto para un mayor de 18 años, por diez años es de $ 1,795.00 pesos mexicanos, convertidos a dólares, estamos hablando de un tipo de cambio de 12.50, lo cual nos representa, unos 144.00 dólares americanos.

Ahora ya tienes en tus manos el pasaporte que es lo que sigue:

Al igual que el pasaporte, que necesitaste sacar una cita, así es también para el trámite de visa, necesitas una cita, primero debes de saber precisamente cuál es tu propósito de emigrar hacia estados unidos, necesitas una visa de trabajo, de estudiante, de turista.

¿Qué tipo de visa quieres?, Necesitas saber, que tipo de visas existen, y cuál es el motivo por el cual te la pueden otorgar, por lo que mencionare a continuación los tipos de visas que existen y requisitos para obtenerla y menciono algunas causas por las que son rechazadas, en su otorgamiento.

## COMO SACAR TÚ CITA PARA TRAMITAR TU VISA.

Existen dos formas de agendar una cita, según la página de internet, de la embajada de Estados Unidos en México. (http://mexico.usembassy.gov/smxvisitar.html)

## LA PRIMERA ES VIA INTERNET Y SE EFECTUA DE LA SIGUIENTE MANERA:

Se paga una cuota fija mediante tarjeta de crédito de 8.00 dólares estadounidenses para obtener un PIN que le permitirá ingresar al servicio de información y programar su cita de solicitud de visa, el PIN es válido por 90 días.

Muy importante al ingresar a la página de internet de la embajada de Estados Unidos en México, esta es muy amigable, no debes de ponerte nervioso, si cometes algún error sin mayor problema lo puedes corregir, no pasa nada.

Ahora consideramos que el PIN te cuesta 8.00 dólares a un tipo de cambio de 13.50 esto es en pesos mexicanos un importe de: $108.00 pesos mexicanos

Bien importante debes considerar en que embajada de los Estados Unidos en México, te toca realizar tu trámite, dependiendo de tu ubicación es como te corresponde:

Existen estos centros de trámite de visas en MEXICO D.F., MERIDA, GUADALAJARA, MONTERREY, MATAMOROS, NUEVO LAREDO, HERMOSILLO, CIUDAD JUAREZ, NOGALES Y TIJUANA.

Esto es muy importante porque mucha gente te dice; vete a Tijuana te la dan más rápido ahí no te la van a negar, o vete a monterrey, mentira, es referencia, tu lugar de residencia.

## LA SEGUNDA ES VIA TELEFONICA COMO SE HA VENIDO HACIENDO EN ULTIMOS AÑOS (DE LA SIGUIENTE MANERA:

Hablar por teléfono, teniendo a la mano toda la información necesaria tal como:

➢ Nombre Completo del Solicitante.

➢ Numero de Pasaporte

➢ Edad

➤ Fecha de Nacimiento

➤ Actividad a la que se dedica

➤ Motivos de su viaje (Turista,Estudiante,Trabajo)

➤ Fecha de viaje

➤ Entre otros.

Para hacer la cita desde México hablar a los teléfonos siguientes, según la página de internet de la embajada de Estados Unidos en México. ((http://mexico.usembassy.gov/smxvisitar. html

| Teléfono: 01-900-849-4949 |
| :---: |
| Desde cualquier parte del país, incluyendo Mexico,D.F. (Con cargo a su recibo telefónico) |

| Teléfono: 01-477-788-7070 |
| :---: |
| (Con cargo a su tarjeta de crédito, más larga distancia) |
| **Teléfono: 01-800-112-8500** |
| (Si ya compro su NIP en Banamex-más información) |
| **Quejas: 01-800-719-2525 (sin costo)** |

Para hacer una cita desde E.U. por favor llame:

| Teléfono: 011-52-477-788-7070 |
| :---: |

El costo de la larga distancia se cobrara a su teléfono, y una cuota de servicio será cobrada a través de su tarjeta de crédito.

Horario del centro de Llamadas:

Los operadores atienden:

- Lunes a viernes

De 7 hrs. A 21:00 hrs.

- Sabados, domingos y días festivos

De 9:00 hrs. a 15:00 hrs.

Si ya has intentado sacar tú cita vía telefónica y no puedes, es por la sencilla razón que se saturan las líneas mucho más, pero según la página de internet de la embajada de estados unidos en México, dice que: **Las solicitudes llenadas en internet se tramitan más rápidamente y pueden reducir su tiempo de espera.**

Ya tienes el conocimiento necesario para sacar una cita para el trámite de tu solicitud de visa, a continuación, se te explicara los tipos de visas que existen y cuál es la que tú en determinado momento puedes tramitar.

## LO QUE DEBES DE SABER DE UNA VISA DE TURISMO Y NEGOCIOS.

### Visas de Negocios y Turismo (B1/B2)

Esta visa se necesita tramitar si su propósito de viaje es como turista o en plan de negocios.

## LO QUE DEBERA PRESENTAR EL DIA DE SU CITA EN LA EMBAJADA DE ESTADOS UNIDOS EN MEXICO, QUE PREVIAMENTE SACO SU CITA.

➢ Traer consigo un recibo del Banco Banamex indicando que ya pago la cantidad de $140 dólares convertidos a pesos mexicanos un importe de **$1,890.00 cuota actualizada a partir del 04 de junio del 2010, por costos de trámite.**

➢ Presentar su pasaporte mexicano con vigencia mínima de seis meses posteriores a la fecha de la entrevista.

➢ Llenar la Solicitud Electrónica para Visa de No Inmigrante DS-160 por internet antes de venir a su entrevista.

**Esta solicitud electrónica, puede completarse en:**

**https://ceac.state.gob/genniv**

**AVISO IMPORTANTE: Cada solicitante tendrá simplemente que imprimir la hoja de confirmación, la que contiene un código de barras, y la deberá de presentar en su entrevista el día de su cita. No es necesario imprimir ni presentar todo el formulario como antes.**

➢ En caso de pérdida o robo de su visa anterior, acta del Ministerio Publico.

➢ Los solicitantes son entrevistados por un/una Oficial Consular. La entrevista es breve pero detallada. Ud. ya habrá llenado su solicitud, y dicha solicitud será revisada por el/la Oficial Consular. **La forma debe ser llenada de manera completa, exacta y verídica.**

## MUY IMPORTANTE:

Si piensa viajar como turista, deberá explicar y demostrar cómo y cuándo va Ud. a viajar, donde se piensa quedar, y como podrá pagar el viaje.

La ley estadounidense específica que Ud. debe demostrar "QUE ES RAZONABLE SUPONER QUE UD. REGRESARA A SU LUGAR DE ORIGEN UNA VEZ TERMINADO EL VIAJE."

Para lograr esto, conviene presentar **documentos en original** que avalen su solvencia económica dependiendo de su situación particular:Ud. puede presentar estados de cuenta bancarios recientes y originales (nota:las cartas de los bancos no son aceptables), recibos de nómina y la hoja rosa del Seguro Social si es empleado, la declaración de impuestos sellada si es independiente, la documentación de su negocio, la boleta predial si cuenta con bienes raíces, su cedula profesional, etc. Reiteramos: NO se necesitan ni se aceptan copias.

## RECOMENDACIÓN PROFESIONAL, NO ESTA EN LA PÁGINA DE LA EMBAJADA DE LOS ESTADOS UNIDOS EN MEXICO. DE MANERA PROFESIONAL Y MAS DETALLADA, SE ENLISTA ENTRE OTRAS LA DOCUMENTACION QUE DEBES LLEVAR EL DIA DE TU CITA, DEPENDIENDO TU ACTIVIDAD A LA QUE TE DEDIQUES, ESTO NO ES LIMITATIVO.

### SI ES PROFESIONISTA:

➤ Ud. Puede presentar estados de cuenta bancarios recientes y originales (nota: las cartas de los bancos no son aceptables)

- ➢ Estados de cuenta de tarjetas de crédito.

- ➢ Cedula Profesional

- ➢ Cedula Fiscal del SAT.

- ➢ Declaración anual y última mensual.

- ➢ Comprobante de domicilio.

- ➢ Si cuenta con bienes raíces, boleta predial

## SI ES ASALARIADO

- ➢ recibos de nómina y la hoja rosa del seguro social.

- ➢ La declaración de impuestos, si usted la presento

- ➢ Cedula Fiscal de asalariado

- ➢ Estados de cuenta bancarios

- ➢ Estados de cuenta de tarjetas de crédito.

- ➢ Comprobante de domicilio.

- ➢ Si cuenta con propiedades ultima boleta predial.

- ➢ Carta de la empresa donde labora, con autorización de viaje o periodo de vacaciones, firmada y sellada por patrón o jefe de recursos humanos.

## SI ES EMPRESARIO O MICROEMPRESARIO.

- ➢ La documentación de su negocio.

➢ la boleta predial si cuenta con bienes raíces.

➢ Estados de cuenta originales.

➢ Estados de cuenta de tarjetas de crédito.

➢ Declaración de impuestos Anual y ultima mensual.

➢ Aviso de inscripción al SAT, cedula fiscal.

➢ Contratos de Arrendamiento.

En relación a bienes raíces, no importa que sea un terreno pequeño, mediano o grande. Lo importante es que lleves la boleta predial.

Entre otros, no hay limitantes, pero tienes que ir preparado.

**Reiteramos: NO SE NECESITAN NI SE ACEPTAN COPIAS.**

En lo profesional y como recomendación esta es la visa más importante que puedes tramitar en primer lugar.

1. - Puedes tener muchas oportunidades de presentarte ante la oficial consular, pero tú tienes que presentarte ante ella o el, seguro de lo que quieres, y tienes que lograr que te la den en el primer intento, debido a que de acuerdo a tu solicitud llenada previamente y a preguntas y respuestas que contestes esto será motivo de otorgamiento o rechazo de la visa.

2. - No necesitas llegar hablando inglés, ellos hablan español, limítate a contestar las preguntas específicas que te hagan.

3. - La documentación que presentes tiene que ser legal, cuidado con títulos o cedulas profesionales fantasmas o chocolates. (como se dice en México).

4. -Sumamente importante, de acuerdo a la ley estadounidense especifica que Ud. debe demostrar **"QUE ES RAZONABLE SUPONER QUE UD. REGRESARA A SU LUGAR DE ORIGEN UNA VEZ TERMINADO EL VIAJE,** conviene demostrar y realizar el trámite de visa de manera familiar, demostrar mediante, aviso de inscripción al servicio de administración tributaria y cedula fiscal, que se tiene un negocio, el tamaño nada tiene que ver, si es microempresario, mediano o grande. Así pueda ser un negocio de tacos, de pan, tortillas, no importa la razón es demostrar lo ya mencionado.

5. - Importantísimo a la hora de pasar a entrevista con la o el oficial consular, puede hacer las siguientes preguntas.

¿Cómo y cuándo va ud. a viajar?
¿Dónde se piensa quedar?
¿Cómo pagara el viaje?
¿Qué tiempo piensa estar?
¿Quién va pagar sus gastos?
¿Tiene familiares en Estados Unidos?

**El más grande error, no tener ni siquiera una fecha probable de viaje, no saber ni donde se va a hospedar, la situación más grave, es decir que con su familiar, sabiendo de antemano que su familiar no se encuentra de manera**

legal en Estados Unidos, usted mismo tenga su respuesta de lo que va contestar.

## LO QUE DEBES DE SABER DE UNA VISA DE TURISMO Y NEGOCIOS

## VISAS PARA MENORES DE EDAD.

Según la página de internet de la embajada de los Estados Unidos en México dice respecto a las visas de turismo y negocios para menores de edad, lo siguiente:

Hacer la cita por internet o hablar vía telefónica, con el PIN que adquiriste puedes programar tu cita hasta para 6 miembros de la familia inmediatos que vivan en el mismo domicilio.

Acudir en persona con el menor si el día de la cita, tiene 7 años cumplidos en adelante.

Los niños de 6 años y menores NO tienen que venir en persona, sino que el padre que venga deberá traer una fotografía a color tamaño 5cm x 5cm, que cumpla con las siguientes características:

- La cara debe de estar derecha, hacia el frente, con la vista al frente, las orejas descubiertas y la cabeza al centro de la fotografía.

- El tamaño de la cara debe ser 2.5cm a 3.5cm, los ojos deben estar a una altura de 2.8cm a 3.5 cm arriba de la parte inferior de la fotografía.

- El fondo debe ser blanco y sin bordes.

### No se aceptan fotos con fondo de otros colores.

- Debe ser reciente (que haya sido tomada en los últimos 6 meses).

- Debe estar pegada o engrapada a la solicitud DS-156. Si la engrapo, cerciórese de que las grapas no cubran la cara del solicitante.

Lo que deberá presentar el día de su cita:

- Las visas de ambos padres, si cuentan con ellas, o de alguno.

- Los documentos de solvencia económica de la familia, según se indica en visas de turismo y negocios, ya que la solvencia de los menores se determina a través de los padres. (ESTE PUNTO YA FUE TRATADO EN EL PUNTO ANTERIOR PARA DEMOSTRAR LA SOLVENCIA ECONOMICA)

- El pasaporte del menor con vigencia mínima de seis meses posteriores a la cita.

- Original o copia certificada del acta de nacimiento del menor.

- La Solicitud Electrónica para Visa de No Inmigrante DS-160 llenada por Internet en la misma computadora.

- El recibo de pago en Banamex de:

o EL EQUIVALENTE EN PESOS DE $14 dólares ( $189 pesos) a partir del 4 de junio del 2010.

**IMPORTANTE**: SOLO SI ALGUNO DE LOS PADRES TIENE VISA LASER U OTRA VISA LEGIBLE POR MAQUINA, O TAMBIEN LA ESTA TRAMITANDO.

Al menor se le expedirá una visa que vencerá en diez años o al cumplir el menor 15 años de edad, lo que ocurra primero. Ejemplo. Si su niño tiene 3 años vecera cuando tenga 13 años; si su hijo tiene 12 años vencerá cuando cumpla 15 años.

o EL EQUIVALENTE EN PESOS de $140 dólares (1,890 pesos) a partir del 04 de junio del 2010.

**SI SE DESEA QUE AL MENOR SE LE EXPIDA UNA VISA QUE VENCERA EN DIEZ AÑOS INDEPENDIENTEMENTE DE LA EDAD DEL MENOR EJEMPLO. SI SU HIJO TIENE 12 AÑOS LA VISA VENCERA CUANDO TENGA 22 AÑOS.**

**NOTA IMPORTANTE:** Los siguientes artículos están prohibidos de ingreso a la Sección Consular, según página de la embajada de los estados unidos en México: teléfonos celulares, cámaras, radios portátiles, reproductores de CDs y MP3, agendas electrónicas, computadoras portátiles, y cualquier otra clase de equipo electrónico. Asimismo, las ARMAS de cualquier tipo son **PROHIBIDAS.**

➢ **Se ha dado mayor importancia a este tipo de visa por ser el más solicitado y en el que mayor numero de rechazos existen, por no estar bien informado.**

## LO QUE DEBES DE SABER DE UNA VISA DE TRABAJO

## VISA DE TRABAJADOR TEMPORAL (H, L, O, P)

Si desea trabajar en los Estados Unidos necesitara una visa.

Existen diferentes tipos de visa para trabajar en los Estados Unidos, mencionares algunas, no pierdas de vista los puntos importantes mencionados en el trámite para visa de turista o negocios.

Según la página de internet de la embajada de los Estados Unidos en México dice lo siguiente:

**El trámite para obtener una visa de trabajo puede ser complicado, y es responsabilidad del empleador** en los Estados Unidos, quien deberá presentar una solicitud en los Estados Unidos, y mandar a Ud. los documentos (Copia de la petición I-129 y de la aprobación I-797) para que los presente en la embajada. En la mayoría de los casos, Ud. tendrá que presentar una petición de trabajo aprobada por el Servicio de Inmigración y Naturalización de los Estados Unidos. Si le han ofrecido empleo en los E.U., pregunte a su posible empleador exactamente cuales trámites ha hecho para arreglar que a Ud. se le permita trabajar en los E.U. legalmente.

Usted deberá presentar:

- Copia de la petición I-129 y de la aprobación I-797

- Un recibo del banco Banamex por el EQUIVALENTE EN PESOS ($150 dólares) ($2,025 pesos) (a partir del

4 de junio del 2010) por costos de trámite. Puede haber cuotas adicionales para las personas que obtienen visas de trabajo.

- Su pasaporte mexicano con vigencia mínima de seis meses.

- Llenar la forma de solicitud de visa por internet en la misma computadora

- Llenar la solicitud suplementaria si es varón entre los 16 y 45 años de edad ya sea cuando venga a hacer su trámite a la embajada, o puede bajar esta solicitud suplementaria de este mismo sitio y llenarla por anticipado en la misma computadora ( **sugiero llevarla llena por anticipado).**

**Estas visas tienen un costo adicional por expedición, por encima del costo de trámite arriba mencionado. Pida a su empleador que le informe cuanto tendrá que pagar en la caja del pabellón de visas, la cual acepta pesos o dólares, al contado o con tarjeta de crédito.**

Para trámite de estas visas se debe concertar una cita llamando, con pasaporte al teléfono:

| Teléfono: 01-900-849-4949 |
| --- |

Desde cualquier parte del país, incluyendo Mexico,D.F.
(Con cargo a su recibo telefónico)


# Horario:

Entre 7:00 a.m. y 9:00 p.m

Lunes a Viernes

Entre 9:00 a.m. a 15:00hrs.

Sábados, domingos y días festivos.

## LO QUE DEBE SABER DE UNA VISA DE TRABAJO H2 TRABAJADOR DE TEMPORADA.

Según la página de internet de la embajada de los Estados Unidos en México, dice lo siguiente respecto a las visas H2.

Las visas H2 se crearon para trabajadores con o sin experiencia (no profesionales y sin título académico) para trabajar en los Estados Unidos temporalmente o de acuerdo a la temporada. Estas visas están basadas en una petición I-129, lo que significa que un patrón americano debe presentar una solicitud de empleo para sus trabajadores y obtener una Certificación de Trabajo del "Departamento de Trabajo de los Estados Unidos" y recibir la aprobación de la petición forma I-129 de la oficina de Seguridad Nacional (DHS)antes Oficina de Inmigración y Naturalización.

Actualmente las visas H2, están divididas en dos categorías.

H2-A trabajadores agrícolas (Siembra y cosecha de plantíos)

H2-B trabajadores no- agrícolas (Ej. Jardinería, construcción, bosques, sembrar o cortar, personal para servicio de limpieza de hotel).

# LIMITACIONES

Las visas H2-B están sujetas a un límite anual determinado por el congreso; este límite es actualmente de 66,000 trabajadores por año. Las visas H2-A no están limitadas.

## LO QUE DEBE SABER DE UNA VISA DE TRABAJO TN/TD DE PROFESIONISTA DENTRO DEL TLCAN.

Según la página de internet, de la embajada de Estados Unidos en México, dice lo siguiente respecto a las visas de trabajo TN.

## VISA TN

La visa TN fue aprobada después de la firma del Tratado de Libre Comercio para América del Norte (TLCAN)en 1994. Fue emitida con el fin de permitir a trabajadores profesionistas calificados de México y Canadá, su traslado temporal a empresas establecidas en Estados Unidos con fines laborales. Solamente ciudadanos mexicanos y/o canadienses son elegibles para ella. Los candidatos mexicanos para estos empleos, pueden solicitar en la Embajada de los Estados Unidos en la ciudad de México o en cualquiera de sus Consulados en el país.

## VISA TD

Esta visa se otorga a la esposa/o y/o hijo/s soltero/s menores de 21 años de los poseedores de Visa TN, para lo cual los lazos familiares deben ser demostrados.

## ¿QUIENES CALIFICAN PARA VISA TN?

Una vez que el solicitante ha concertado una cita, debe presentar lo siguiente al momento de la entrevista:

### 1. CARTA DE TRABAJO

Debe ser en original, con papel membretado de la compañía, escrita en inglés, dirigida a la embajada. NO se recibirán cartas enviadas por correo electrónico y/o fax.

Los puntos clave que debe incluir son:

1. Nombre Completo del Solicitante

2. Puesto que ocupara en la compañía, y descripción de actividades

3. Salario en dólares, especificando si será pagado en pesos mexicanos o dólares.

4. Grado de estudios o experiencia requeridos según el puesto.

5. La certificación del idioma ingles si el cargo lo requiere.

### 2. PASAPORTE VIGENTE

### 3. SOLICITUD DE VISA
Es necesario llenar la Solicitud Electrónica para Visa de No Inmigrante DS-160 por internet antes de venir a su entrevista. Presentará la Página de Confirmación con el código de barras al llegar a nuestras instalaciones.

## 4. PAGO PARA ENTREVISTA EN BANAMEX

Cada solicitante incluyendo niños y/o menores debe traer el recibo original del pago realizado en la sucursal Banamex de su preferencia por el equivalente en pesos de $ 140 dólares ($1,890 pesos) para ser entrevistado.

## 5. EVIDENCIA DE NIVEL DE ESTUDIOS Y/O EXPERIENCIA PROFESIONAL.

Los solicitantes deben demostrar que califican para la visa TN dados sus estudios y/o experiencia laboral, como se ha mencionado anteriormente.

Nivel de estudios: para las profesiones que así lo requieran, deberá presentar en original título universitario y/o cedula profesional. Si cuenta con documentos de instituciones o universidades fuera de los Estados Unidos, Canadá o México, estos deben ser validados por un servicio especializado de evaluación de documentación extranjera.

Experiencia Laboral: si el solicitante califica para el puesto por este factor, debe presentar cartas de sus empleadores anteriores. Si trabaja por su cuenta, información de su/s empresa/s tales como declaraciones de impuestos, estados de cuenta y/o financieros o cualquier otro documento que pruebe la actividad laboral.

**OTROS DOCUMENTOS REQUERIDOS.**

Cualquier otro tipo de documentación, que avale su solicitud (Folletos de la empresa, estados financieros, devoluciones de impuestos, etc.) pueden ser considerados a criterio del cónsul a cargo de su caso.

Hemos analizado los casos de visas de trabajo, y nos hemos dado cuenta que en los tres casos, se requiere de un empleador o compañía que nos solicite o haga una oferta de trabajo, para poder trabajar legalmente en Estados Unidos, existen sitios de internet en los cuales se puede aplicar para competir por una vacante de trabajo en Estados Unidos, dentro de esos sitios se encuentra: www.careerbuilder.com

Eres profesionista verifica la lista de profesiones autorizadas para laborar en Estados Unidos por medio de una visa de Tratado de Libre comercio, prepara tu curriculum y mucha suerte.

## LO QUE DEBES DE SABER DE UNA VISA DE ESTUDIANTE.

Es triste decirlo, pero conozco muchos amigos profesionistas que se han gastado una fortuna en estudiar en Universidades Particulares de renombre en México y actualmente no tienen trabajo y terminan dedicándose a otras actividades y no ejerciendo su profesión, y de la misma manera conozco muchos que han tenido la oportunidad de estudiar en escuelas no tan de renombre y actualmente están bien colocados trabajando en el extranjero y con sueldos bastante competitivos, veamos el caso de que necesitamos para estudiar en Estados Unidos.

Lo que dice la página de internet de la embajada de los Estados Unidos en México, es lo siguiente respecto a una visa de estudiante:

# VISAS DE ESTUDIANTE

Una vez que haya sido aceptado a un programa de estudio en los E.U. deberá obtener la visa de estudiante.

Antes de venir a la embajada para su cita, todo solicitante de visa F,J o M debe tener CONFIRMACION de su institución patrocinadora (escuela, sede de programa de intercambio) que ya dio de alta su nombre electrónicamente en el sitio del sistema SEVIS (Student and Exchange Visitor Information System) como persona que ha sido aceptada en la escuela o programa de intercambio, además de los familiares que lo acompañaran de ser el caso. No se puede expedir visas de estudiante ni de intercambio hasta que sus datos aparezcan en el mencionado sistema SEVIS, por lo que los solicitantes deben comunicarse al respecto con sus instituciones patrocinadoras.

COSTOS: Los solicitantes de visas F-1 Y M-1 deberán pagar una cuota de $200 dólares, y la mayoría de los solicitantes de visa J-1 a quienes se les haya expedido la forma I-20 o DS-2019 después del 1 de septiembre de 2004, deberán hacer un pago de $180 dólares por concepto de SEVIS.

Este pago deberá hacerse directamente al Department of Homeland Security (DHS). Se requiere que el pago se haga antes de que la visa sea expedida. El método más rápido para realizar este pago es mediante tarjeta de crédito a través de la página web www.FMJfee.com diseñada con ese propósito por el DHS.

Existen diferentes tipos de visas dependiendo de la duración del programa, su nivel, el origen del financiamiento del programa, etc. En general, necesitara los siguientes documentos para solicitar la visa de estudiante:

- Forma I-20 (forma indispensable la cual SOLAMENTE es enviada al estudiante por instituciones educativas acreditadas de los E.U.) y que es evidencia de haber aceptado a un programa. NOTA: el tener una forma I-20 no garantiza que se le concederá la visa.

- Comprobante de que puede pagar el programa, según el caso, esto consiste en documentación de la organización afirmando que ya se pago, cuentas de banco, cartas de patrocinadores o de padres de familia, etc.

- Comprobante del pago de la cuota de SEVIS $180 dólares.

También deberá traer:

- Traer consigo un recibo del Banco BANAMEX por el equivalente en pesos de $131 dólares por costos de trámite.

- Presentar su pasaporte mexicano con vigencia

- Llenar la Solicitud Electrónica para visa de No-Inmigrante DS-160 por internet en la misma computadora.

Se le puede pedir que traiga comprobantes de habilidad con el idioma inglés, calificaciones de instituciones educativas anteriores, estados de cuenta bancarios, cartas de recomendación, u otros documentos.

Te recomiendo que antes de tramitar, ya sea una visa de trabajo o de estudiante, primero tramites una visa de turista, porque, siempre es bueno cerciorarse en el caso de trabajo en que empresa podrías colocarte o llevar tu documentación (curriculum), en el caso de visa para estudiante, conviene ver que universidades existen en la localidad, carreras, etc, visitar instalaciones, planta docente.

Existen otros tipos de visa, las cuales no tratamos por ser menos recurrentes, entre otras de VISA DE INVERSIONISTA, DE COMERCIANTE, DE EMPLEADA DOMESTICA, PROMETIDO(A), ETC.

**COSTOS POR TRAMITE DE VISAS, Según página de internet de la embajada de Estados Unidos en México.**

| NOMBRE/ CATEGORIA DE VISA | CUOTAS EN DOLARES AMERICANOS (USD) | CUOTAS EN PESOS MEXICANOS |
|---|---|---|
| Visas de turista y otras que no requieren petición (estudiante, intercambio cultural, tripulación, etc.) | US $140 | 1,890pesos |
| Visas para menores mexicanos (sin cumplir 15 años) | US$14 | 189 pesos |
| Visas que requieren petición (H,L,O,P,Q,R para trabajador temporal, religioso etc. | $150 | 2,025 pesos |
| Visa "k" de prometida/o | US$350 | 4,725 pesos |
| Visa de inversionista/ Empresario (Visa "E" | US$390 | 5,265 pesos |

Resumen.

El monto total que tendrías que desembolsar para trámite de una visa de turista, incluyendo pasaporte por diez años y visa por diez años es un importe de:

| PASAPORTE DIEZ AÑOS | 1,795 PESOS |
|---|---|
| PIN PARA CITA | 108 PESOS |
| TRAMITE VISA TURISTA | 1,890 PESOS |
| TOTAL | 3,793 PESOS |

Considero que bien vale la pena intentar hacer los trámites legalmente, pagando este importe y no arriesgando tu vida cruzando de manera ilegal, a un tipo de cambio actual de 12.50 pesos por dólar son: 303 dólares.

En un cruce de manera ilegal, tú pagas un importe muy superior y arriesgando tu vida.

De igual manera si te detienen puedes pasar largos días encarcelado, te invito a que lo intentes.

## LO QUE DEBES SABER UNA VEZ, QUE HA SIDO APROBADA TU VISA.

Una vez aprobada tu visa, la mayoría son enviadas a tu domicilio por un servicio de mensajería, en caso de que el servicio no exista en tu comunidad, te lo enviaran a la oficina más cercana a tu domicilio.

## RECOMENDACIONES

### En la página de internet de la embajada de Estados Unidos en México, da las siguientes recomendaciones.

- Únicamente se permitirá la entrada a la Sección de Visas a las personas que van a solicitar su visa. Solicitantes menores de edad (hasta los 20 años), ancianos o minusválidos podrán venir acompañados.

- Tenga su pasaporte, solicitud(es) y documentos complementarios listos para su entrevista con el/la vice cónsul.

- Considere que deberá esperar entre 2 y 4 horas mientras se procesa su información.

- Por motivos de seguridad no se permite la entrada con alimentos ni bebidas.

## YA ME LLEGO LA VISA, AHORA QUE TENGO QUE HACER.

Una vez que tú ya tienes la visa en tus manos, lo que debes hacer es programar tu fecha de viaje o salida de tu país, bien tener definida la fecha en que debes de presentarte a trabajar en la compañía que te solicito o en la universidad que te admitió.

Ahora bien, lo que dice la página de internet de la embajada de los Estados Unidos en México respecto al ingreso o puerto de entrada a Estados Unidos es lo siguiente:

La visa le permite a un extranjero viajar a los Estados Unidos y presentarla en el puerto de entrada al Inspector de Inmigración del Departamento de Seguridad Interna de los Estados Unidos para solicitar permiso de ingresar.

## IMPORTANTE:

## UNA VISA NO GARANTIZA LA ENTRADA A LOS ESTADOS UNIDOS.

El departamento de Estado de los Estados Unidos debe ajustar periódicamente sus cuotas, por concepto de visas y otros servicios, en apego a la legislación federal que ordena recuperar los costos de los servicios otorgados a través de cuotas directamente aplicables a los usuarios de estos servicios. Los adelantos en la seguridad, los sistemas de procesamiento de información y la inflación han provocado un aumento en los costos de los trámites de visas, así como de ciertos servicios para ciudadanos estadounidenses.

## RECOMENDACIONES FINALES

- Los tramites son personales

- El trámite se te puede complicar, en caso de que hayas estado de manera ilegal en Estados Unidos, y te hayan tomado tus huellas dactilares, esto porque en la embajada de Estados Unidos en México, cuentas con una base de datos de todas aquellas personas que han sido detenidas de manera ilegal en los cruces fronterizos y más aún en el interior de Estados Unidos.

- Respecto a tu documentación, tiene que ser real, legal, no intentes llevar documentos apócrifos, ni cedulas profesionales, ni títulos falsos.

- Actualmente puedes sacar una tarjeta de crédito muy fácil, esto es una prueba más de razonabilidad de que regresaras a tu país.

- Puedes empezar planeando, el adquirir un terreno económico, no necesitas adquirir una mansión. Esto incrementara la razonabilidad de regresar a tu país.

- Debes empezar planeando el registrar tu negocio ante las autoridades locales (SAT) de manera legal, así pueda ser un negocio de tortillas, pan o tacos, dale el giro de restaurant, esto incrementara la razonabilidad de regresar a tu país.

- Muchas más acciones legales, permitidas por la ley que puedes hacer.

- Consulta a tu contador o asesor personal, familiar.

Que la información proporcionada te traiga, conocimiento, tranquilidad, paz a tu corazón, felicidad por que estas en el camino correcto de hacer las cosas, lucha no desfallezcas.

Mi mayor intención es evitar que gente inocente que solo busca un trabajo siga muriendo en el desierto, montañas, mar, rio.

La información proporcionada es una guía simple no oficial, respecto a los tramites que debes de realizar para tramitar tu documentación ante las autoridades correspondiente de cada país. No crea ni derechos ni obligaciones, dado que la información plasmada se actualiza constantemente en las páginas oficiales de cada país. La única información oficial es la publicada en las paginas web de cada país.